어쩌다 리더가 된 당신에게

최재천

어쩌다 리더가 된
당신에게

책머리에

어쩌다 리더가 된 사람의 리더십 강의

독자 여러분 안녕하세요. 리더십이라는 주제는 사실 저한테는 좀 버겁습니다. 아주 오래전, 김대중 대통령 시절에 '중앙인사위원회'라는 게 만들어졌는데요. 그 위원회의 초대 위원장을 하셨던 당시 서울대 행정대학원의 김광웅 교수님이 임기를 마치고 학교로 복귀하자마자 리더십 수업을 개설했어요. 그러더니 저더러 리더십 강연을 한시간 맡으라는 겁니다. 제가 "선생님, 저는 리더십을 믿지 않습니다. 저는 리더가 없는 세상을 원합니다. 저는 강연을 못 할 것 같습니다"라고 했더니 "그런 얘기를 하면 돼" 하시면서, 이미 강의계획서에 제 이름을 넣어놨다는 겁니다. 그래서 어쩔 수 없이 하게 된 그 리더십 수업에서 저는 엉뚱한 질문을 던져보았습니다. "과연 우리 사회에 리더가 필요한가?"

리더로서 저의 최초의 경험은 초등학교 3학년 때로 거슬

러 올라갑니다. 새 학교로 전학을 간 바로 다음날에 반장선거가 있었는데, 제가 출마해서 반장이 됐어요. 무려 제가 원해서 해보게 된 최초의 리더 경험인 셈이죠. 그해에 동네 뒷산으로 소풍을 갔는데요, 선생님이 반장은 앞에서 아이들을 이끌어야 한다는 거예요. 그래서 처음에는 제일 앞에 서서 노래를 부르면서 걸어갔는데, 가끔 뒤돌아보면 못 따라오는 친구들이 자꾸 눈에 밟히더라고요. 뒤처지는 아이들을 등 떠밀어주고 빨리 가자 독려하고, 심지어는 다리가 아프다는 아이를 제가 중간중간 업어서 데려가기도 했거든요. 결국 어느 순간에 보니 저는 앞에 있는 게 아니라 제일 뒤에서 아이들을 독려하고 있었어요. 그랬더니 담임선생님이 오셔서 반장이란 놈이 뒤에서 이러고 있으니까 우리 반 꼴이 이런 거 아니냐고, 반장은 앞에 가서 반을 이끌어야 한다고 저를 나무라시는 거예요.

그때부터였을까요. 저는 성격상 앞에서 "나를 따르라!" 외치기보다는 뒤에서 처지는 사람들을 돕는 걸 더 좋아하는 사람이 되어간 것 같아요. 지금도 저는 주로 그런 관점으로 세상을 바라봅니다.

또다른 리더 경험을 꼽아보자면, 군대에서 겪은 인상 깊은 기억이 있습니다. 방위병이었던 저는 군 생활 내내 군 창고에서 지냈어요. 계급장 없이 현역병들 밑에 있는 방위병의 처지가 몹시 힘들더라고요. 그것까지는 그런대로 참겠는데, 방위병들끼리도 계급을 나눴습니다. 실제로는 계급장이 없지만 서열화는 더 심했습니다. 우연히 하루 먼저 들어온 사람이 하루 늦게 들어온 사람의 상관이 되는 거예요. 그러다보니 신경 써야 할 계급이 층층시하처럼 이루 말할 수 없이 많았습니다. 그래서 제가 최고참이 된 날부터 평화로운 조직을 이끌어보기로 했습니다. 전부 서로 존댓말을 하게 만들었어요. 문화를 바꾼 거지요. 그러다 제대 후에 후배들을 만나 저녁 식사를 했는데 "하여간 선배님 때문에 지금 고생이 말도 아닙니다"라고 하는 거예요. 제가 그 조직 규율을 다 무너뜨리고 나갔잖아요. 그걸 다시 원래대로 바꾸느라 엄청나게 힘든 시기를 겪었다는 겁니다.

그렇게 생각하면 저는 리더가 되면 안 되는 사람일까요? 반장으로서도, 군대에서도 잘해내지 못한 것일까요? 저와 함께 소풍을 같이 갔던 아이들, 군에서 존대하며 지냈던 친구들은 제 리더십에 대해 어떻게 느낄까요? 그래도 이렇게 존중 받은 경험이 있어서 좋지 않았을까요? 저는 제가 리더라는 점이 중요하지 않았습니다. 함께하는 사람들을 인격적으로 대하고 싶었습니다.

우리들 대부분은 살다보니 어느날 리더가 되어 있는 자신을 발견하곤 합니다. '어쩌다 리더'가 되는 거지요. 예외는 아마 조선의 임금들이었을 겁니다. 어려서 외가에 머물며 예의범절을 배우고, 성장하는 내내 장안의 석학들과 사서삼경(四書三經)을 읽으며 학문을 닦지요. 그런데 이렇게 열심히 준비한 리더들 중에서 우리가 지금까지 추앙하는 임금은 사실 몇 안되잖아요. 세종대왕과 정조대왕을 빼면 기껏해야 성종과 영조 임금을 떠올릴 뿐입니다. 그렇게 철저한 리더 교육을 받은 분들인데 어찌하여 나라를 제대로 다스리지 못했을까요? 이는 역설적으로 좋은 리더가 되는 게 얼마나 어려운 일인가를 보여줍니다. 하물며 그런 체계적인 훈련도 받지 못한 우리들이 어쩌다 리더가 되는 것이니 솔직히 난감합니다.

살다보니 저도 어쩌다 리더의 자리를 제법 여러번 맡게 됐는데, 제가 진짜 원해서 한 경우는 한두번밖에 없는 것 같습니다. 등 떠밀려서, 혹은 어쩌다보니까 리더를 하게 됐는데, 마음 깊은 곳에서는 '과연 리더라는 게 필요할까' 하는 의문을 여전히 품고 있는 것도 맞습니다.

저만 하는 고민은 아닐 겁니다. 아마도 많은 분들이 어쩌다 리더가 되어 '내가 꼭 리더를 해야 할까?' '내가 리더가 되어도 좋은 사람일까?' 자문하고 계시겠지요.

그런데 2025년의 대한민국에서 대통령을 탄핵하고 아주 어렵게 리더를 바꿔내는 경험을 하고 보니, 리더가 아주 중요한 자리라는 생각이 듭니다. 한 사람의 리더가 좌우하는 일들이 너무 많고요. 그런 생각 속에서 오늘은 지금까지 우리가 통념에 따라 생각해온 '나를 따르라' 방식의 리더십이 아니라 조금 색다르게, '품는' 리더십에 대한 얘기를 한번 해보고자 합니다. 제가 말하고자 하는 리더십은 '자연에서 배우는 리더십'이자 '지속가능 리더십'이라고도 말할 수 있겠습니다. 리더의 정의에 정면으로 위배되지만, 아마도 저는 종적인 리더십이 아니라 횡적인 리더십을 꿈꾸는 것 같습니다. 딱히 정해놓은 리더가 없어도 모두가 자발적으로 협력하는 조직이 가능할까 꿈꾸며 삽니다.

2025년 8월

최재천

책머리에	005
어쩌다 리더가 된 당신에게	013
	여왕개미의 리더십
	어떤 리더를 뽑아야 할까
	국립생태원장이라는 특별한 경험
	소통은 원래 지극히 어렵습니다
	떠들지 말고 들어야 합니다
	모두의 마음속에 필요한 양심이라는 촛불 하나
	토론 말고 숙론
	왜 다양성이 중요한가
	변혁의 시기에 필요한 것
묻고 답하기	059
기억하고 싶은 문장	087

어쩌다 리더가 된 당신에게

여왕개미의 리더십

제가 리더십 강의를 안 하겠다고 버티고, 또 리더를 믿지 않는다고 얘기를 했더니, 당시 서울대 수강생 중에 한 학생이 손을 번쩍 들고 질문을 하더군요. "교수님은 개미를 오랫동안 연구하신 걸로 아는데, 세상에 여왕개미처럼 강한 리더가 어디 있나요? 그걸 연구하셨으면서 리더를 믿지 않는다고 말씀하십니까?"

참 좋은 질문이었습니다. 여러분 중 상당수는 여왕개미가 무소불위의 권력을 휘두르는 막강한 리더라고 생각하시죠? 실제로는 그렇지 않습니다. 여왕개미가 하는 일은 딱 하나입니다. 그냥 알 낳는 일만 합니다. 그런데 그 알 낳는 일이라는 게 굉장히 중요하잖아요. 차세대 국민을 생산하는 일이니까요. 여왕개미가 국가의 미래를 책임지는 중대한 임무를 띠고 있는 건 사실입니다.

하지만 여왕개미가 절대로 하지 않는 일이 있습니다. 나라의 대소사에는 전혀 개입하지 않습니다. 그건 그냥 일개미들이 알아서 합니다. 개미 나라에는 노사 문제라는 게 아예 없습니다. 왜냐면 사측이 없거든요. 노측에서 다 알아서 합니다. 제가 평생 개미를 관찰하며 그런 조직을 연구한 셈이잖아요. 그러다 보니 굳이 리더가 있어야 한다면 여왕개미 같은 리더였으면 좋겠다고 생각합니다.

차세대 국민을 생산하는 일만큼 중요한 건 없지요. 그러니 나라의 근간을 붙들고 있는 존재는 역시 여왕개미가 맞습니다. 조직의 가치나 목표는 확실하게 붙들어 매되, 실제로 이루어지는 온갖 대소사에는 일일이 관여하지 않고 자유롭게 내버려두는 겁니다. 제가 생각하는 완벽한 리더는 이렇게 독단적이지 않은 리더입니다. 한 개인이, 한 개체가 지식을 알면 얼마나 많이 알겠습니까? 그런데 마치 다 아는 것처럼 일방적으로 전횡하다보면 오히려 일을 그르치는 경우가 훨씬 많거든요. 여왕개미처럼 일개미들에게 일임하지는 못하더라도 모든 문제에 대해 홀로 설명하고 결정하는 리더는 결코 바람직하지 않다고 생각합니다.

제가 미국에서 오래 살다 왔는데요. 미국에서 과학자로 살면서 제일 아이러니한 게 뭐였냐면, 미국 근대사에서 과학자들이 제일 못마땅해했던 대통령이 지미 카터(Jimmy Carter)였고, 제일 좋아하는 대통령이 로널드 레이건(Ronald Reagan)이었다는 겁니다. 레이건 대통령은 영화배우 출신이잖아요. 과학의 ㄱ자도 몰랐습니다. 그래서 이분은 대통령이 되자마자 훌륭한 과학자들을 모셔놓고 "난 과학에 대해서 아는 게 없어요. 잘 알아서 해주세요" 하고는 믿고 맡겼습니다. 그렇게 맡겨놓은 후 절대로 과학자들에게 이래라저래라 하지 않았죠. 한편 카터 대통령은 조지아공대에서 공부했거든요. 스스로 과학 분야를 좀 안다고 생각해서 사사건건 개입하다가 미국 과학계를 망가뜨리고 말았습니다. 카터 대통령은 선의를 가지고 잘 이끌어보려 한 것이지만, 결과적으로는 과학계의 집단지성을 믿고 맡긴 레이건 대통령이 훨씬 더 훌륭한 업적을 이뤄낸 겁니다. 이 사실은 참 역설적이지만 시사하는 바가 큽니다.

자기 마음대로 12·3 계엄을 일으키고 끝내 탄핵된 전 대통령은 우리나라 과학계를 초토화한 사람이기도 합니다. '과학 카르텔'을 운운하면서 개입했고, 연구비 예산을 대폭 삭감하는 바람에 우리나라의 많은 훌륭한 연구자들이 전부 해외로 빠져나가고 있습니다. 다른 온갖 실정보다도, 저는 과학자로서 이

점을 정말로 용서할 수 없습니다.

저는 사실 미국에서 박사과정을 마친 후 귀국하지 않고 미국에서 연구 생활을 이어가려 했습니다. 그러던 중 1993년 세계적인 학술지 『네이처』(Nature)에서 한국 과학기술에 관한 특집 기사를 읽게 되었습니다. 표지에 아예 "한국 과학기술에 동이 텄다"라는 한글 제목까지 내건 기사였습니다. 그 기사에서 세계 과학자들은 응용과학의 지원은 대기업에게 맡기고 국민의 세금으로 마련하는 국가 연구비는 온전히 기초과학에 투자하라고 우리 정부에게 조언했습니다. 저는 그 학술지를 손가방에 넣은 채 이듬해인 1994년 한국행 비행기를 탔습니다. 그러나 현실은 녹록지 않았습니다. 우리 정부는 지금까지도 거의 대부분의 연구비를 응용과학에 투자하고 있습니다. 다행히 전체 연구비 규모가 늘면서 기초과학 분야의 연구비 사정도 조금씩 나아지고 있었습니다. 그런 상황에서 우리 과학자들이 소박한 기대감을 키우고 있었는데, 과학 연구에 대해 아무것도 모르는 국가 지도자가 하루아침에 그동안 애써 구축한 시스템을 무참히 무너뜨린 겁니다. 학문과 연구 시스템은 구축하는 데에는 오랜 시간과 많은 노력이 필요하지만 무너뜨리는 일은 순식간이라는 걸 깨달았습니다. 리더의 중요성이 더할 나위 없이 소중하다는 걸 뼈아프게 경험한 사건이었습니다.

인간 사회의 정치 지도자인 대통령은요, 여왕개미처럼 고유한 역할이 있는 자리입니다. 필요한 큰 그림을 그리고, 방향을 제시하고, 흔들림 없이 미래를 구상하고, 다음 세대를 생각하는 자리이지요. 리더를 한번 잘못 선출해놓으면 몹시 오랫동안 큰 고통을 겪게 됩니다. 망가뜨리려 들면 많은 것을 없애버릴 수도 있는, 무서운 권력을 가진 자리라는 점을 유념해야 합니다.

여왕개미의 리더십이란, 철저하고 확실하게 가치나 목표는 붙들고 있되 실제 일의 진행은 전문가에게 맡기는 방식을 취합니다. 개미 사회에서 일 전문가는 일개미들이기 때문이에요. 그래서 여왕개미는 일개미들이 제대로 할 수 있도록, 사사건건 관여하지 않고 맡겨둡니다. 독단적으로 처리하지 않고, 신뢰하고 위임할 줄 압니다. 한발짝 뒤로 물러나서 지원을 해주면 책임을 맡은 여러 사람들이 자발적으로 활동하면서 이른바 집단지성을 이뤄내는 데 훨씬 더 도움이 될 겁니다. 모든 걸 다 독단적으로 마구 해치우지 않기. 이것이 바로 우리가 자연에서 배워야 할 탁월한 리더십의 한가지 면모라고 저는 생각합니다. 그러기 위해서 모름지기 탁월한 리더는 전문가들을 신뢰하고 그들의 고견을 청해 들을 줄 알아야 합니다. 풍부한 경험 덕택에 업무의 자초지종에 대해 많은 걸 알고 있더라도 늘 현장의 실무진과 논의하며 함께 풀어나가는 지혜가 필요합니다.

어떤 리더를 뽑아야 할까

우리 사회에서 제일 두드러지게 드러나는 리더는 아무래도 대통령 같은 정치 지도자이겠지요. 우리나라 사람들이 정치에 관심이 없는 듯이 보일 때도 있지만, 탄핵과 대선이 이루어지는 과정을 지켜보면 전혀 그렇지 않은 것 같지요? 저는 원래도 우리의 정치의식에 대해 비관적으로 생각하지는 않았습니다. 다만 아직은 민주주의에 대한 학습이 충분히 되지는 않았다고 여겨왔고, 그리 머지않은 미래에는 우리 민주주의가 아주 성숙하리라는 기대감을 가지고 있었어요. 이제야 그것이 빛을 발하지 않나 싶습니다.

사실 정치라는 게 별겁니까? 인간처럼 자기 대표로 대통령을 뽑는 게 아니더라도 집단생활을 하는 많은 동물들의 경우 언제나 그 사회의 우두머리가 있지요. 늑대들이나 하이에나가 그렇습니다. 그중에 가장 연구가 많이 된 동물이 무언가 하면,

침팬지예요. 『침팬지 폴리틱스』(*Chimpanzee Politics*)라는 유명한 책이 있지요. 기가 막히게 재미있는 책입니다. 제인 구달(Jane Goodall) 박사와 쌍벽을 이룰 정도로 대단한 침팬지 연구가 프란스 드 발(Frans de Waal) 교수가 지은 책인데요, 저자가 네덜란드의 한 동물원에서 관찰했던 수컷 침팬지들의 세계를 다루고 있습니다. 침팬지 사회 안에서도 인간 세상처럼 온갖 정치 묘수와 권력 투쟁이 벌어집니다. 『군주론』(*Il Principe*)을 쓴 사상가인 마키아벨리(Niccolò Machiavelli)도 탄복할 만한 전략들이 펼쳐지거든요. 정치는 인간만이 하는 건 아니라는 사실을 알려주는 책이지요.

이 책을 읽으면 정치에서 가장 중요한 게 무엇인지 알 수 있는데, 그건 바로 상대와 손을 잡고 서로 협력하는 것입니다. 집단생활을 하는 동물 사회에서 우두머리가 된다는 건 권력을 쥐고 가장 많은 암컷과 짝짓기를 할 수 있는 위치에 올라간다는 뜻이거든요. 그런데 이 '알파 메일(alpha male)', 즉 으뜸 수컷이 권좌에 올라간 다음에 그 자리에서 오래 버티기가 참 힘들어요. 침팬지들은 지능이 높다보니까 우두머리가 못된 수컷들끼리 동맹을 맺습니다. "쟤 안 되겠는데?" 하면서 말이죠. 두마리 혹은 세마리가 짝을 맺고 결정적인 순간에 으뜸 수컷을 공격합니다. 그런데 이들이 손을 잡으면서 뭔가 협상을 했을 것 아니에요? 새로 권좌에 오른 우두머리가 협상 내용을 잘 안 지키고 혼자만 암컷을 다 거느리게 되면, 억울해지는 수컷이 다시 생기지요. 그러면 또다른 수컷과 다시 작당을 해서 새 우두머리를 물어뜯습니다. 그렇게 거듭 낙마를 시키는 거예요. 수컷 침팬지들은 이런 방식으로 오랜 진화의 역사를 거치며 권력을 나누는 방법을 개발해냈습니다. 혼자 모든 암컷을 다 차지하지 않는 거죠. 2인자, 3인자에게도 권력을 분배할 줄 압니다. 그래야만 살아남기 때문입니다.

인간이 오히려 분배를 잘 못해요. 자기가 권력이 있다든가 능력이 출중하다고 생각하면 끝까지, 송두리째 다 거머쥐려고 하거든요. 우리 사회가 그런 권력의 행사를 법이라는 이름으로 묵인해버리는 것도 큰 문제입니다. 수많은 권력형 비리가 그래서 나타나고요. 동물들도 다 아는 이 협력의 역동을 오히려 인간이 잘 모르는 것 같아요. 안타까운 부분입니다.

우리는 이른바 정당정치라는 걸 하잖아요? 그러면서 같은 정당에 속한 사람들끼리 경쟁을 하죠. 예를 들면 경선 과정을 거쳐 우리 중 누군가가 당권을 쥐는데, 그러자면 한배를 탄 만큼 서로 지나친 공격은 자제해야 합니다. 그런데 실제로는 전혀 그렇지 않죠. 후보 개개인의 입장에서 생각해보면, 일단 이 단계에서 이겨야만 후보가 되니까 그 순간에 자제하기가 어렵지 않겠어요? 다시는 안 볼 것처럼 서로 죽일 듯이 덤벼들며 네거티브 공격을 하는 경우가 많습니다. 국민들은 그렇게 서로 적대시하는 모습을 한참 지켜보면서, 정치인들이 나보다도 못한 사람이라고 느끼게 됩니다. 그렇게 그야말로 만신창이가 된 후보들이 모여서 상대 당과 상대 후보를 헐뜯으면서, 그중에 누군가 한 사람을 대통령으로 뽑게 됩니다.

그런 식으로 차악을 선택하는 방식의 정치는 한계가 분명합니다. 개미는 정반대로 합니다. 여왕개미들은 혼인비행 이후에 각자가 새로운 나라를 건설하기 위해서 애씁니다. 이 과정에서 일단 정권을 쥘 때까지는 여러 여왕개미들이 협력합니다. 똘똘 뭉쳐서 서로 돕습니다. 그런 다음에 천하를 평정했다고 판단하는 순간, 그제서야 일개미들이 진짜 여왕개미를 선출하거든요. 이때도 자신들을 오랫동안 효율적으로 이끌 수 있는 최선의 지도자를 뽑게 됩니다. 개미 사회의 경선 방식은 차악이 아닌 최선의 누군가를 선택하는 과정으로 보입니다.

우리 인간들이 개미 사회의 경선에서 좀더 나은 제도를 배워 적용할 수 있는 방법을 궁리해보면 좋겠습니다. 지난 2022년

대선 때 더불어민주당 경선 과정에서 후보 간의 과열된 공방에서 불거진 의혹이 끝내 자당의 대선 후보의 발목을 잡았던 경험과 2025년 대선의 경험이 좋은 생각거리를 제공할 것입니다.

국립생태원장이라는 특별한 경험

저는 대학 교수로 평생을 지내왔는데, 그중에서 2013년 10월부터 2016년 말까지 3년여 동안은 국립생태원장으로 지내는 특별한 경험을 하게 됩니다. 이 엄청난 사건으로 인해 저는 제법 성공한 CEO라는 평가마저 받게 됐어요. 그때의 경험을 토대로 『숲에서 경영을 가꾸다』라는 제목의 책도 출간한 바가 있고요. 제가 사실 내심으로는 이렇게나 리더십 회의론자이면서도, 당시에 '경영 십계명'이라는 것마저 만들었습니다. 이 십계명의 내용은 『최재천의 생태경영』이라고 제목을 바꾼 개정판에도 여전히 들어 있는데요, 국립생태원장으로서 경험했던 일들을 다시 한번 소개하고, 이 시점에 더욱 절실히 필요하다 생각하는 몇가지 덕목을 여러분께 말씀드리고자 합니다.

사실 대한민국에서 대학 교수로 지내는 삶은 너무 바쁩니다. 대부분 쓸데없는 일에 참 바쁩니다. 연구비를 조금이라도

따내야 하니 어떻게든 연구단에 끼어야 하고, 일이 좀 잘 되기 시작하면 신문에 글 써야 하고, 정부의 위원회에 이리저리 불려다니기도 합니다. 교수로 사는 삶은 하루하루 너무 바쁜데, 이렇게 해서는 위대한 연구를 하기가 어렵겠다는 생각이 드는 거예요. 다산(茶山) 정약용(丁若鏞) 선생님도 추사(秋史) 김정희(金正喜) 선생님도 귀양지에서 큰 업적을 남기셨던데, 싶은 생각도 들었고요.

그러던 어느날 저에게도 기회가 왔습니다. 충청남도 서천군 마서면이라는 한적한 곳에서 3년을 고스란히 보낼 기회가 찾아온 겁니다. 국립생태원 초대 원장을 맡게 된 것이지요. 그런데 실제 생태원장의 삶은 제 예상과는 무척 달랐습니다.

환경부장관으로부터 임명장을 받던 날, 티타임을 하면서 장관님이 정말 앞뒤 맥락 없이 이렇게 말씀하셨어요. "원장님이 1년에 한 30만명은 유치하셔야 됩니다." 처음에는 연구원 30만명을 얘기하시는 줄 알았는데, 그게 아니라 관람객 30만명을 유치해야 한다는 거였습니다. 저 그날 장관님한테 거의 대들다시피 말했습니다. 그 깡촌에 어떻게 1년에 30만명씩이나 놀러오느냐고요. 말이 안 되는 거 아니냐고요. 그런데 장관님이 사과를 하시면서도, 지역민들에게 약속한 게 있으니 수고해

달라고 부탁을 하시는 거예요. 정말 난감하더라고요. 관람객을 30만명 불러 모아서 돈을 쓰고 가게 만들어야 한다는 거죠. 지역 경제에 보탬이 되도록요. 아니, 그럴 거였으면 경영 전문가를 원장으로 부르지 왜 저 같은 학자를 부르셨나요. 이렇게 따져 묻고 싶었습니다. 그런데 이제 와 어떡합니까. 맡았으니까 일을 해야지요.

그래서 공부를 시작했습니다. 전시에 관련된 공부를 해보니까, 뜻밖에도 우리나라에는 각 지역마다 전시관이 참 많더라고요. 그런데 지역에서 유치한 그 기관들은 시간이 흐르면 애물단지 전시관으로 남는 경우가 허다했습니다.

첫해에는 그런대로 손님이 있다고 했습니다. 그러나 '재방문율'이 문제였습니다. 대한민국 국민이 5천만명이잖아요. 전 국민이 매일 놀러 다닐까요? 대부분은 생업 때문에 어렵습니다. 아주 넉넉하게 잡아서 한 10퍼센트, 즉 5백만명쯤이 돌아다닌다고 해봅시다. 전국의 그 많은 전시관들이 결국 그 사람들을 바라보고 마케팅을 해야 하는 겁니다. 그런데 그 5백만명 중에 30만명을 무슨 재주로 불러옵니까? 게다가 우리나라 관람객들은 어디든 '갔다가 왔다!' 이 사실만 중요하다 여기잖아요. 인증샷 한번 찍고 나면 가본 곳을 다시 가는 법이 거의 없습니다.

그래서 저는 이 사람들이 해마다 올 수 있게 하자, 끊임없이 안 본 걸 계속 만들어서 다시 올 수밖에 없도록 공략해보자는 계획을 세웠습니다.

"아유 어르신, 저 충남 서천에 국립생태원이라고 아주 멋있는 곳이 생겼다는데 가보셨어요?" "나 이미 지난달에 갔다 왔어." "그럼 갔을 때 개미 전시 보셨어요?" "응? 내가 갔을 땐 개미 없었는데? 아이, 또 가야 되네." 이렇게요.

제가 일하던 3년 동안, 크고 작은 전시를 30회 이상 열었습니다. 독화살개구리 전시, 독도 야생화 전시, 그중에서도 개미 전시는 그야말로 대박을 쳤습니다. 전세계의 수많은 박물관 중 최초로 베짜기개미를 전시했고, 해외의 유명한 자연사 박물관들마다 있는 인기몰이의 일등공신 잎꾼개미 전시도 열었습니다.

이런 난리법석 끝에, 첫해에 100만명이 국립생태원을 다녀갔습니다. 30만명 목표를 세배 이상으로 달성한 거죠. 이 100만명이라는 숫자는 정말이지 그야말로 상상을 초월하는 성과였습니다. 매주 1만명씩 몰려와도 1년이면 52만명입니다. 100만명이 되려면 그 두배가 찾아와야 하는 겁니다.

두번째 해에도 마찬가지로 100만명이 찾아오니까 기획재정부에서도 저희더러 세금이 아깝지 않은 기관이라며 예산도 더 많이 책정해주었습니다. 그렇게 저는 졸지에 지역민들의 사랑을 온몸으로 받게 됐습니다. 마지막에 퇴임할 때는 서천 명예군민증까지 받았으니까요.

사실 이런 특별한 경험을 위해서는, 모두가 특별히 비상하게 애를 쓰고, 비상하게 노력하는 물밑 작업이 필요합니다. 울고 웃고, 온갖 시행착오를 겪고, 직원들이 조직과 회사를 사랑하도록 만들어주어야 합니다. 특히 사람들에게 자발적으로 잘하려는 마음이 일어나게끔 하는 여러 방면의 노력이 반드시 뒤따라야 합니다. 이제 그 덕목 몇가지를 더 말씀드리겠습니다. 소통과 경청, 이런 단어로 함축되는 말들일 테지만 그게 그렇게 간단하지 않더라고요.

소통은 원래 지극히 어렵습니다

지금 우리 사회에서 리더의 덕목으로 소통을 굉장히 중요하게 이야기하고 있죠? 그런데 30년 전의 CEO들은 입만 열면 소통이 아니라 이런 얘기를 했던 것 같아요. '근면' '성실' '정직'… 회사에 가면 액자에 걸려 있는 글귀들이었어요. 그런데 요즘 CEO들 중에는 그런 단어를 입에 올리는 사람이 없습니다. 요즘은 '소통' '협업' '창의', 이런 얘기를 하는 시대가 된 거죠.

소통이 엄청나게 중요한 시대입니다. 그런데 어느 조직이나 소통이 안돼서 문제입니다. 항상 의사소통 때문에 거의 모든 인간 조직은 어려움을 겪습니다. 왜 그럴까요? 정답부터 얘기하자면, 소통은 안되는 게 정상이기 때문에 그렇습니다. 내가 내 생명의 주인인데 왜 내가 남의 말을 들어야 합니까? 남이 내 말 들으면 되는 거죠. 우리들이 각자 다 그렇게 삽니다. 그런데 고대 그리스 철학자 아리스토텔레스(Aristoteles)는 우리더러 사회적 동물이라고 했잖아요. 우리가 살아가는 이 세상에서 소통 없이 할 수 있는 일이라는 건 애당초 없습니다. 안되는 게 정상인데 어떻게든 되게끔 만들어야 하는 게 바로 소통의 딜레마입니다.

자, 귀뚜라미 얘기를 한번 해보겠습니다. 수컷 귀뚜라미는 왜 밤새도록 소리를 낼까요? 수컷 귀뚜라미는 딱딱한 윗날개를 서로 비벼서 소리를 내거든요. 우리가 수컷 귀뚜라미라고 생각하고 밤새도록 날개를 비비려 하면 어떨까요? 두 팔을 등 뒤로 하늘 높이 치켜든 채 서로 비벼 소리를 내는 겁니다. 엄청난 중노동일 겁니다. 그런데 가을날 초저녁에 집에서 귀뚜라미 소리를 들으면서 잠이 들었는데, 아침에 일어나서도 귀뚜라미 소리가 계속 들릴 때가 있어요. 그럼 이런 질문이 가능하겠죠. "저 끔찍한 중노동을 밤새 했다고?" 왜일까요? 저 귀뚜라미 수컷이 왜 밤새도록 중노동을 했을까요?

암컷이 안 오시니까요. 초저녁에 한 30분 비벼서 소리를 냈더니만 암컷이 오셔서 짝짓기하고, 또 한시간쯤 비볐더니 다른 암컷이 와서 짝짓기하고, 이렇게 밤 열한시도 안 됐는데 벌써 다섯분쯤의 암컷과 잠자리를 했다면 이제 수컷 귀뚜라미도 잠

들어도 되겠죠. 밤새 못 자고 계속 저 중노동을 한 이유는, 바로 암컷들께서 안 오셨기 때문인 겁니다. 이게 자연계의 섭리입니다. 수컷들은 끊임없이 유혹할 수밖에 없어요. 왜냐하면 수컷은 자신의 몸만으로는 자기 유전자를 후세에 남길 방법이 없는 동물들이기 때문입니다. 반드시 암컷의 몸을 빌려야 하기 때문에 수컷들은 끊임없이 간택을 받기 위해 노력해야 합니다. 밤새 날개를 비볐는데도 암컷이 안 듣고 안 오시면, 그걸로 끝나는 겁니다.

그러니까 소통은 원래 이렇게 어려운 겁니다. 소통을 원하는 쪽에서 소통을 이뤄내기 위해서 끊임없이 노력할 수밖에 없는 겁니다. 실제로 우리 사회에서는 어떤가요? CEO께서 "부서 간의 협업을 좀 이루어봐라" 하시면 일단 회의를 하죠. 한 시간쯤 회의를 끝내고 문 열고 나가면서 다들 뭐라고 합니까? "어휴, 저 꼴통들이랑 뭘 하느니 내가 그냥 밤을 새고 말지." 그래서 밤새 혼자 만들어낸 제품을 그냥 시장에 내놓으면 팔리나요? 대부분은 안 팔립니다. 소통을 통해 여러 개선을 거쳐 나온 결과물과 소통을 거치지 않고 나온 결과물은 천지차이일 수밖에 없거든요.

소통은 안되는 게 정상이지만 되게끔 만들어야 하는, 아주

얄궂은 덕목입니다. 이미 여러 경영학자가 소통을 잘하는 방법에 대해서 어마어마하게 많이 써놨거든요. 저도 국립생태원장이 되었을 때 이 일을 정말 잘해보고 싶어서 열심히 읽어봤습니다. 그런 책들에 '칸막이를 없애라' 이런 말이 쓰여 있더라고요. 첫날 부임하자마자 사무실들을 도는데, 칸막이가 무척 높더라고요. 그래서 제가 좀 구시렁거리면서 지나갔어요. "칸막이를 없애야 소통이 잘된다는데, 여긴 칸막이가…" 그날 오후에 바로 칸막이 철거 작업이 시작되더라고요. '원장님 지시 사항'이라면서요. 전 지시를 한 것은 아니었지만, 말을 함부로 하면 안 되겠구나 깨닫긴 했죠.

며칠 있다가 직원 한 사람이 면담을 신청했습니다. 앞에 앉자마자 "죽기를 각오하고 말씀드리겠습니다"라고 하더라고요. 그래서 죽을 것까지는 없다고 했더니, 이렇게 말했습니다. "칸막이, 다시 해주시면 안 됩니까?" "왜요? 칸막이가 없어야 소통이 잘된다고 책에 나와 있는데." 그분 얘기가, 평생 칸막이가 설치된 공간에서 일했는데 칸막이가 없으니까 모니터 옆으로 사람 얼굴이 보여서 집중을 못 하겠다는 거예요. 생각해보니 저는 평생 그런 환경에서 일해본 적이 없거든요. 대학 교수라는 사람들은 지위 고하를 막론하고 대개 자기 방이 있어요.

조그만 방이라도 자기 연구실이라는 게 있으니까요. 저는 언제나 혼자 있는 공간에서 일을 해왔던 거예요. '아, 내가 그 마음을 헤아리지 못했구나' 하고 깨닫게 됐죠. 그래서 각 부서별로 토론을 해서 결정하라고 했더니, 80퍼센트가 다시 칸막이를 세우자고 하더군요. 소통이라는 게 무엇인지 깨닫게 됐던, 저로서는 철저하게 실패했던 에피소드여서 이렇게 고백해봅니다.

리더로서 소통을 잘하기 위해서는 '스킨십을 늘려라'라는 조언도 읽었습니다. 스킨십이 필요하다니. 참 막연했습니다. 그래도 저 나름대로 어떻게든 적용해보았습니다. 부서를 넘나드는 소통이라는 게 특히나 어렵거든요. 국립생태원장을 할 때, 직원들에게 가장 기억에 남는 것으로 꼽힌 성공 사례는 바로 '원격바'였습니다. '**원**장이 **격**주로 구워주는 **바**비큐'의 줄임말인데요, 격주 수요일 저녁마다 제가 앞치마를 두르고 바비큐를 서빙했습니다. 저는 딱 하나 조건을 걸었어요. 한 부서에서 한명씩만 온다. 절대로 두명씩 같이는 못 온다. 둘이 같이 오면 서로 아는 사이끼리만 속닥거리다가 가버리고 말 테니까요.

그렇게 잔디밭에서 고기 구워서 함께 쌈을 싸먹으면서 맥주와 막걸리를 마시는데 어떻게 서로 얘기를 안 나누겠습니까? 실컷 얘기하고 웃고 떠들게 되죠. 그런 다음에 제가 협업을 하라고 했더니, 타 부서에 업무 요청할 때 '원격바'에서 만난 사람에게 가서 부드럽게 이야기를 건넬 수 있었고 잘 협업할 수 있었다고 합니다. 이것이야말로 제가 한 일 중에 최고로 잘한 일입니다. 여러분도 어떤 형태로든 리더가 되시면, 한번 활용해보시기 바랍니다. 업무를 위해 다짜고짜 만나 협업을 시도하는 것보다 구성원들까지 미리 서로에 대해 알아가는 과정이 필요합니다.

떠들지 말고 들어야 합니다

제가 만든 경영 십계명 중에서 사람들이 제일 우습다고 말하는 게 바로 이것입니다. "가능하면 입을 다물어라." 저는 아예 "이를 악물고 듣는다"라고 써두었습니다.

우리나라 역대 대통령 중에는 듣지 않고 자기 말만 하는 사람이 많았습니다. '내가 해봐서 아는데' 하면서 발언을 독식하는 분도 있고, 한시간 회의 중에 혼자서 59분을 얘기한다는 분도 있었습니다.

리더 입장에선 억울할 수도 있겠죠. 내가 최고 지도자이자 책임자고 지시도 해야 되는데, 내가 말을 많이 한 게 뭐가 잘못이냐는 거겠지요. 그런데 문제는요, 윗사람이 입을 여는 순간 아랫사람들은 입을 다문다는 점입니다. 그렇게 해서는 절대로 집단지성을 이뤄내지 못합니다.

제가 서천에서 생태원장을 맡은 3년 동안, 정말 어금니가 아플 정도로 입을 꽉 다물었습니다. 회의 시작하면 "오늘 이런 주제로 회의합니다. 말씀들 나누시죠" 하고 나서 거의 얘기를 안 하려고 했습니다. 그러다보니 한번은 이런 일도 있었습니다. LG 상무님이 회의에 참석하기로 했는데, 고속도로가 막혀서 회의에는 못 오고 바로 회식 자리에 오셨어요. 회식이 끝난 뒤 우리 생태원의 경영본부장 앞에서 "원장님, 오늘 이렇게 초대해주셔서 고맙습니다" 말하고 악수를 하고 가시더라고요. 제가 하도 얘기를 안 했더니, 경영본부장을 원장으로 착각했던 거예요. 그 정도로 저는 회식 자리에서도 "많이들 드세요" 할 뿐 되도록 입을 닫고 있었습니다.

사람들은 회식 자리에서 축구 얘기도 하고 군대 얘기도 하고 연예인 얘기도 합니다. 그런데 일 얘기도 하더라고요. 저는 그 얘기들을 귀담아 들었습니다. 그리고 다음 날 아침에 해당 부서 사람 중 한명을 불러서, 어젯밤에 내가 이런 얘기를 들었는데 문제가 뭐냐고 물었어요. 그렇게 저는 소소한 민원들을 3년 동안 꾸준히 조금씩 해결했습니다. 만약 제가 원장으로서 성공했다고 한다면, 그런 작은 일들을 챙기는 데서 성공을 이룬 것 아닐까 싶습니다.

저는 이를 악물고 듣는 게 모든 리더의 출발점이라고 생각합니다. 우리나라 역대 대통령들은 국정이 어려워지면 원로분들이나 종교 지도자들을 청와대에 모셔서 말씀을 자주 청해 듣잖아요. 그런데 여기서 대통령이 듣는 역할이 아니라 설교를 한다면 큰 문제입니다. 떠들지 말고 들어야 합니다. 들어야만 문제를 해결할 수 있는 실마리를 찾을 수 있습니다. 국무회의에서나 '골목경청투어'에서나 국무위원과 공무원은 물론 일반 시민에게도 끊임없이 묻고 그들의 발언에 귀 기울이는 이재명 대통령의 태도는 이런 점에서 매우 바람직한 첫 단추라고 생각합니다.

모두의 마음속에 필요한
양심이라는 촛불 하나

    제가 어쩌다가 어마어마한 영광을 누린 일이 있었습니다. 2023년에 서울대 졸업식 축사를 하게 된 것인데요. 축사를 맡아달라는 연락을 받고 나서 한참이나 울컥했어요. 제가 서울대에 입학할 때 제 성적은 아마 입학생 전체 중 바닥에서 겨우 몇 등이었을 거예요. 그리 뛰어나지 못한 학생이었던 내가 축사를 하게 되다니, 싶었던 거죠. 게다가 미국에서는 하버드대학이나 스탠포드대학의 졸업 축사는 사회적으로 아주 널리 회자되는 아주 큰 사건이거든요. 그런 것을 늘 보고 지냈는데, 이번엔 제가 축사를 맡게 된 거예요.

    그런데 바로 직전 해인 2022년에 서울대 졸업식 축사를 하신 분이 바로 한국인 최초로 수학계의 노벨상이라 불리는 필즈 메달을 받은 허준이 교수였습니다. 기가 막히게 감성적이고 멋진 축사를 해서 그 영상이 유튜브에서 백만회 가까이 조회되기도 했지요. 아마 독자 여러분들 중에서도 그분의 졸업식 축사 영상을 보신 분이 계실 겁니다. 그렇게나 화제가 된 졸업연설의 다음 순서를 제가 이어야 한다니 미치겠더라고요.

유튜브에서 미국 대학의 졸업식 축사 영상을 보신 적이 있나요? 미국의 졸업식 축사에서는 한 2분 간격으로 계속 청중을 웃겨야 돼요. 사람들을 웃기지 못하면 그건 좋은 축사가 아닙니다. 제아무리 멋있는 내용이 담겨 있을지라도요. 그래서 저도 사람들을 웃길 준비를 하려고 엄청 노력했어요. 그런데 생각만큼 잘 안 되어서 준비 도중에 그런 야심은 깨끗이 포기할 수밖에 없었습니다. 그 대신 제가 가장 중요하다고 생각하는 양심과 공평과 공정에 관한 이야기를, 이제 막 학교를 졸업하고 사회에서 첫 출발을 하려는 젊은이들에게 들려주기로 했습니다. 수학자이신 허준이 교수님의 뒤를 이어야 하니까 저도 수학 공식처럼 이렇게 한번 만들어봤어요.

$$공평 + 양심 = 공정$$

이 공식을 가지고 제 후배들에게 쓴소리를 해본 것이지요. 이 그림을 한번 보세요. 우리 사회는 모두에게 똑같은 높이의

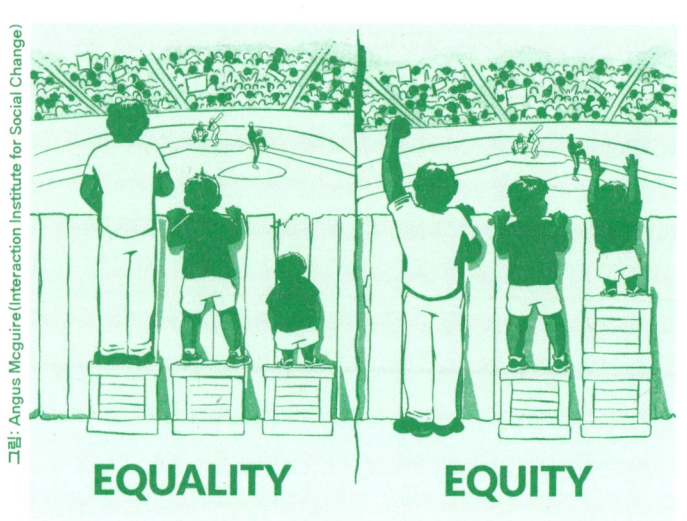
그림: Angus Mcguire(Interaction Institute for Social Change)

상자를 주고 공정하게 대했다고들 얘기합니다. 근데 그건 공정이 아니라 그저 공평한 수준이고, 여전히 혜택을 못 받는 계층들이 남게 됩니다. 어떤 사람은 상자를 디디지 않고도 충분히 담장 너머의 경기를 볼 수 있을 정도로 키가 큽니다. 그 사람이 상자를 양보해주면, 드디어 모두 다 경기를 볼 수 있게 되는 거죠. 저는 이렇게 해야 비로소 공정이라고 생각합니다. 즉 공평이 공정이 되려면 양심을 만나야 합니다. 이런 얘기들을 후배들에게 했습니다.

제가 최근에 『양심』이라는 책을 내면서 이런 생각을 해봤습니다. 불법 계엄을 일으킨 대통령을 탄핵하고 새로운 리더를 뽑게 된 이 모든 일들은 어쩌면 우리 마음속에 꺼지지 않는 작은 촛불과 같은 양심 덕분에 가능한 게 아닐까 싶었습니다. 저는 여전히 리더의 역할을 그렇게 신봉하지 않고, 여전히 리더 없이도 평화롭게 살 수 있는 세상을 꿈꾸는 사람인데요. 그러려면 우리 모두의 마음속에 양심이라는 촛불이 하나씩 켜져 있어야 한다고 생각합니다.

한강 작가의 『소년이 온다』를 읽어보면 정말 멋진 표현들이 나옵니다. 나를 향한 군대의 총구 앞에 섰지만 이상하게도 "느닷없이 발견한 내 안의 깨끗한 무엇" 때문에 더이상 두렵지 않게 되었다고 말하는 장면이 나오거든요. 한강 작가가 양심을 이렇게 설명했다면 저는 '내 마음속에 꺼지지 않는 작은 촛불'이라고 표현해봤습니다. 결론적으로 얘기하면, 앞서 제가 만든 경영 십계명이 있다고 말씀드렸는데요, 이중 첫 계명이 곧 결론이기도 합니다. "군림(君臨)하지 말고 군림(群臨)하라."

우리 사회에서 갑질로 실수하는 분들은 대개 남의 위에 군림하려다가 그렇게 되잖아요. 군림의 '군' 자가 '임금 군(君)' 자입니다. 그런데 그 글자 옆에 '양(羊)'을 한마리 붙이면 졸지에 '무리 군(群)'이 됩니다. 함께하는 게 되는 거죠.

요즘 젊은 세대가 원하는 리더는 옛날처럼 '나를 따르라' 하는 리더가 아니잖아요. 함께 울고 웃는, 함께 일하는 그런 리더를 원하는 겁니다. 저는 이걸 개인의 차원에서는 양심에 호소하기 시작한 거고요.

그럼 집단의 차원에서는 어떻게 하면 좋을까요? 저는 이런 생각을 해봤습니다. 대한민국의 문화예술은 어느덧 세계 최고로 인정받을 만한 수준에 이르렀습니다. K-POP, K-food, 드디어 K-literature까지요. K-culture가 그야말로 세계를 제패했습니다. 3, 4년 전부터는 제가 K정치도 세계가 부러워하는 날이 조만간 올 것이라고 계속 예언을 했는데 잘하면 정말 그렇게 될 것 같다는 생각이 요즘 점점 많이 듭니다. 아닌 밤중에 날벼락 같은, 참으로 뜬금없는 계엄 선포에 전세계가 고개를 저었겠지만, 이어진 우리 국민의 평화롭고 민주적인 집단 행동과 지성은 위기에 빠진 민주주의에 새로운 빛을 비춘 역사적 사건이었다고 생각합니다.

그렇게 되지 못할 이유가 있다면, 제가 관찰했을 땐 우리에게 딱 하나 모자란 부분이 있기 때문인 것 같습니다. 모든 걸 탁월하게 잘하는 우리인데, 함께 모여 앉아 서로 얘기하고 합의를 도출해내는 걸 너무 못합니다. 참 신기할 정도로 못하니다. 그래서 그것만 가능해지면 K정치도 곧 자랑할 만한 성과를 보일 수 있지 않을까 합니다.

동양에서는 양심(良心)을 어진〔良〕 마음〔心〕이라고 하거든요. '어질다'라는 표현을 사전에서 한번 찾아보세요. 좋은 얘기가 다 들어 있습니다. 그만큼 어진 마음을 지니는 건 무척이나 어려운 겁니다. 그에 비해 서양 사람들은 좀더 현실적인 것 같아요. 양심은 영어로 'conscience'인데, 이게 'con-'과 'science'가 붙은 거잖아요. 접두사 'con-'은 '함께'라는 뜻이고, 'science'는 '과학, 지식'을 의미합니다. 말하자면 서양에서는 양심을 '함께 아는 지식 혹은 서로 공유하는 지혜'라고 이해하는 겁니다. 그래서 그들은 법치를 소중하게 여기죠. 누구나 최소한으로 같이 지키자고 만들어낸 게 법이니까요.

그에 비해 동양은 도덕적으로 몹시 높은 양심의 기준을 세워놓습니다. 그런데 이렇게 하면 모든 사람이 실제로 그 기준을 잘 지키기는 참으로 어려워집니다. 이와 달리 서양은 양심의 기준 자체를 확 낮춰서, 그저 법 수준에다 맞춰놓고 적어도 여기까지는 지키자고 합의하는 겁니다. 그렇게 함께 법을 지키다보면, 드디어 그게 사회적 양심이 되지요. 저는 이제 우리가 함께 모여 얘기하는 방법을 다시 배워나가야 하지 않을까 생각합니다. 제대로 된 사회적 양심을 원한다면 우선 마주 앉아 서로의 생각에 귀 기울이고 함께 얘기할 줄 알아야 합니다.

토론 말고 숙론

문재인정부 초기이던 2018년에 저는 기획재정부 중장기전략위원회 민간위원장이라는 직책을 맡은 적이 있습니다. 처음에는 제가 경제에 대해 특별히 아는 게 없어서 고사를 했는데, 공동위원장의 역할을 청하는 바람에 결국 수락했습니다. 그런데 거기 모인 스무명의 위원들 중에 실제로 경제학자는 네명뿐이고 나머지는 여러 다양한 분야의 사람들이 모여 있었어요. 저는 이분들과 위원회를 하는 재미에 빠지게 됩니다. 함께하는 위원들과 참 귀한 걸 나눴거든요. 몇마디 제안으로 그치지 않고 무제한 숙론을 하는 방식이 참으로 중요하고 의미있는 결과를 이끌 수 있다는 것이었습니다.

남아프리카공화국의 넬슨 만델라(Nelson Mandela) 대통령은 인종차별에 맞선 오랜 투쟁 끝에 27년 만에 감옥에서 나왔습니다. 인종 간 갈등은 물론, 계급과 정치적 입장을 둘러싸고 첨예한 갈등 상황에 놓인 남아공은 당시 일촉즉발의 위기에 빠져 있었습니다. 이를 해결하기 위해 몽플뢰르 콘퍼런스센터에 정치가와 경제학자 등 다양한 이해관계와 세력을 대표하는 사람들이 여럿 모였지요. 이들은 전략이나 목표와 방향을 정하지 않은 채 미래가 어떻게 될지 여러 방향의 시나리오를 그려나가는, 무척 객관적인 방식의 숙론을 합니다. 무려 6개월에 걸쳐 긴 시간 동안 논의했고, 자기 세력의 이해관계만을 내세우지도 않았습니다. 이렇게 도출된 시나리오들 속에서 남아공 국민들은 1994년에 만델라를 대통령으로 선출했습니다. 그리고 그는 취임하자마자 통합 정치 행보를 보이며 남아공을 훌륭한 나라로 이끌었지요.

지금으로부터 약 30년 전, 그때의 남아공이 이런 허심탄회한 숙론을 할 수 있었다면 오늘의 대한민국이 이걸 왜 못 합니까? 저는 충분히 할 수 있으리라고 믿습니다. 정치권이 늘 저렇게 난장판일지라도, 이제는 시민들이 직접 나서서 한번 숙론을 해봐야 하지 않을까요?

저는 우리가 이제라도 토론하는 법을 좀 배우면 어떨까 합니다. 그런데 우리나라 사람들은 앞서 말했듯이 토론을 해도해도 너무 못해요. 못하는 이유를 이리저리 궁리해봤습니다. 보니까 토론의 '토' 자가 '두들길 토(討)'더라고요. 그래서 그런 가봐요. 토론하라고 자리를 마련하면 서로 두들겨 패기만 하는 이유가 있었던 겁니다. 그래서 제가 '숙론(熟論, Discourse)'이라는 단어를 새롭게 만들었습니다.

20년쯤 전에는 제가 우리 사회에 '통섭(統攝)'이라는 화두를 던졌습니다. 하버드대학 시절에 저의 지도교수인 에드워드 윌슨(Edward O. Wilson) 선생님이 *"Consilience"*라는 책을 냈습니다. 이 단어의 뜻은 '학문 간의 넘나듦'이지요. 제가 이 책을 번역해서 한국어판을 출간할 때는 '통섭(統攝)'이라고 제목을 붙였고요. 사실 consilience라는 단어는 원래 영어사전에 없었거든요. 그걸 윌슨이라는 석학이 발굴해서 책의 제목으로 쓴 겁니다. 놀라운 일은, 같은 해에 캘리포니아에서 똑같은 이름의 와인이 출시된 겁니다. 제가 선생님께 이 사실을 말씀드렸더니 "그놈들은 그 이름을 어디서 찾았대?"라고 하시더라고요. 당시에 그 와인 회사 홈페이지에는 이 와인을 만든 이유가 자세히 적혀 있었습니다. 제가 그 글을 읽다가 너무 멋있어서 기절할 뻔했습니다. 첫 문단이 이렇게 시작했던 걸로 기억합니다. "consilience는 영국의 자연철학자 윌리엄 휴얼(William Whewell)이 만든 개념인데, 학문 간 넘나듦, 분야 간 소통을 의

미한다. 와인이란 무엇인가? 와인은 우주와 인성의 교감으로 태어나는 맛의 향연인데, 그 이름으로…….."

두번째 문단에서 저는 더 큰 감동을 받았습니다. 이 와인은 네명의 젊은 와인 양조장 주인들이 의기투합해서 만들었는데, 한동안 이름을 짓기 위해 각자 열심히 궁리해왔다는 겁니다. 그런 다음 세시간에 걸친 열띤 토론 끝에 이름을 정했대요. 만장일치로요. 각자 몇달 동안 심혈을 기울여서 고민해온 이름도 있었고, 세시간 내내 열변을 토하며 주장했던, 자기가 만든 이름도 있었지만 이를 기꺼이 접고, 다른 친구가 가져온 이름에 기꺼이 한 표를 던지는 마음. 그게 바로 토론의 진정한 목적입니다. 내 것만 주장하려는 게 아니라 다른 이의 이야기를 들어보고, 내 생각과 비교해보고 다듬어보기도 하는 것이죠. 그래서 서양에서 'discussion' 즉 토론은 '누가 옳은가'가 아니라 '무엇이 옳은가'를 함께 찾아가는 과정이라고 설명합니다.

서양 사람들은 통섭을 'jumping together' 즉 '함께 넘나듦'이라고 표현합니다. 통섭은 혼자 할 수가 없습니다. 정약용 선생님이나 레오나르도 다빈치(Leonardo da Vinci) 같은 온갖 분야에 박식한 천재가 아닐 바에야 우리는 통섭을 절대로 혼자 이룰 수는 없습니다. 그러나 서로 다른 지식을 가지고, 서로 다른 경험을 해본 사람들, 서로 다른 공부를 한 사람들이 함께 모여서 솟구치면 되는 겁니다. 서로의 울타리를 넘어서 함께 통섭으로 승화하는 것이지요. 그걸 해내는 방법은 무엇일까요? 가장 먼저 해야 할 일은 함께 이야기를 나누는 것입니다. 그런데 토론의 '토' 자가 너무 오염이 돼 있으니 저는 우리가 '숙론'을 하면 좋겠습니다.

그런데 얼마전(2025년 7월 29일) 대통령이 주재하는 국무회의가 역사상 최초로 생중계되었지요. 그 영상을 보면 '토론 문화'의 희망이 보이는 것 같습니다. 저는 이재명정부가 모든 걸 잘하고 있다고 보는 건 절대 아닙니다만, 요즘 김민석 총리가 'K-토론나라'라는 타이틀을 내걸고 사람들과 이야기를 나누며 전국을 다니는 모습을 봐도 그렇고, 정말로 '숙론 문화'가 대한민국에 널리 퍼지려나 싶은 희망을 품어봅니다.

왜 다양성이 중요한가

여러 나라에서 예전에 우리가 알던 정치 지도자와는 상당히 다른, 독재자 스타일의 리더들이 속속 등장하고 있습니다. 국가 간 경쟁이 너무 치열해지면서 생기는 현상처럼 보입니다. 노골적으로 자국민만 아끼겠다는 리더들이 국민적 지지를 받는 분위기가 되는 것 같아 안타깝죠. 거의 모든 나라가 '우리부터 살고 봐야 한다'는 방향으로 가고 있으니까요. 물질적으로 세상은 점점 나아지고 있을 텐데, 참 안타까운 상황입니다.

내각제를 채택하는 나라에서는 하나의 당이 과반을 차지하지 못하는 경우 두세 당이 합쳐서 정권을 잡고, 그렇게 만들어진 연립정부에서는 그중 어느 대표 한 사람이 총리가 되지요. 그렇게 연정을 하게 되면 여성들이 총리가 되는 일이 꽤 있습니다. 헬렌 피셔(Helen Fisher)라는 인류학자가 쓴 『제1의 성』(*The First Sex*)이라는 책에 보면 여성은 남성보다 네트워킹에 강하다고 하는데, 미래 사회에는 여성들이 경제·사회·정치적으로 역할이 많을 것이라고 설명했지요. 정치인들 사이에서 합의를 도출하고 협업을 이끌 때는 여성이 탁월한 능력을 발휘하는 경우가 많은 것 같습니다.

그런데 대통령제에서는 전통적으로 가부장의 이미지에 매여서 리더를 평가하게 된다는 겁니다. 이를테면 유권자들의 상당수가 이런 걱정들을 한답니다. 국가가 위기에 처했을 때 우리를 구해줄 사람이 누구냐. 그런 위기의 순간에 '여성에게 모든 걸 맡길 수 없다'는 결론이 나는 경우가 많다는 거예요. 특히 여성 유권자들이 오히려 여성 리더를 신뢰하지 못하는 경향이 강하다고 하니, 이 또한 무척이나 아쉽습니다. 도널드 트럼프(Donald Trump)의 경우, 두번의 대통령 선거에서 모두 여성 후보를 이기고 당선되었지요. 이런 사실들은 미국 사회가 생각보다 보수적이라는 사실을 드러내주는 지표 같기도 합니다. 어찌 됐든 참으로 답답한 일입니다.

2015년에 캐나다의 쥐스탱 트뤼도(Justin Trudeau) 총리는 새 내각을 남성 장관 열다섯명, 여성 장관 열다섯명씩 동수로 구성했습니다. 그 인선에서는 종교적 다양성도 추구했고 비장애인 일색이 되지 않도록 장애인 장관도 임명했습니다.

본래 다양성은 편해서 추구하는 것이 아닙니다. 다양한 사람들이 모여 있어야만 그 사회가 건강하고 튼튼하기 때문에 어렵지만 애써 추구하는 것입니다. 이렇게 다양성을 추구하는 리더를 유권자들이 지지하는 것이 필요합니다. 우리가 지금보다 과감히 더 나아갔으면 합니다. 그것이 서로 다른 사람들을 만나서 경험하고 공감하는 계기가 되기 때문입니다. 저는 다양성으로 가득한 자연계를 관찰해온 생태학자로서 서로 다른 의견들 속에서 합의를 이끄는 편이 하나의 입장, 하나의 의견에만 의존하는 것보다 훨씬 더 바람직하다고 굳게 믿고 있습니다.

변혁의 시기에 필요한 것

사실 사회의 변혁이라는 게 어떻게 일어나는 건지, 저로서는 솔직히 잘 알지 못합니다. 그런데 제가 진화생물학자로서 그동안 공부해온 여러 지식을 바탕으로 판단해보면, 사회는 개혁되는 게 아니라 진화한다고 생각합니다. 중국 최고의 철학자로 추앙받는 리쩌허우(李澤厚)도 "역사는 혁명(revolution)이 아니라 진화(evolution)해야 한다"라고 말했지요. 이 거대한 사회가 하루아침에 확 바뀌는 일은 자주 찾아오는 기회는 아닐 거예요. 하지만 코로나19 팬데믹을 빠져나오던 순간, 저는 왠지 개혁의 가능성을 믿고 싶었습니다. 뭔가 위대한 변혁이 일어날 조짐이 보였거든요.

제가 코로나19 일상회복지원위원회 공동위원장을 맡았던 이유가 바로 여기에 있었습니다. 우리나라의 방역 성공에 전세계가 놀랐잖아요. 재난 극복에 대한 의지, 검진 방식에 대한 창의적인 아이디어, 남에게 바이러스를 옮기지 않으려는 시민 한 사람 한 사람의 배려, 우리 안의 창의력과 양심을 발견하는 아름다운 순간들이 많았습니다. 많은 사람이 목숨을 잃으면서 얻은, 참으로 값비싼 경험이었지만요.

다른 여러 정부 위원회 위원장 제의를 다 고사하면서 굳이 코로나19 일상회복지원위원회의 공동위원장을 맡은 이유가 있었습니다. 코로나19 팬데믹이라는 엄청난 재앙 속에서 발견한 우리의 민주적 시민의식, 재앙 속에서 오히려 더 따뜻하게 드러난 배려와 공동체 정신, 어려운 상황에 처할수록 더욱 빛난 창의성 등이 어쩌면 우리 사회를 아주 새로운 단계로 격상해줄 수 있지 않을까 하는 기대감이 있었기 때문입니다. 그러나 참으로 야속하게도 코로나19의 위험이 가라앉던 시기와 정권 교체 시점이 절묘하게 맞아떨어지며 모든 것이 중단되었습니다. 새로운 사회를 만들어보겠다는 저의 꿈도 산산조각이 나고 말았습니다. 윤석열정부 3년간 우리가 겪은 사회 전반의 후퇴가 제게 특별히 뼈아프게 다가오는 이유는 우리 사회가 훨씬 이상적인 수준으로 도약할 수 있었던 기회를 잃었기 때문입니다. 그래서 실망도 두배로 커진 것 같습니다. 사회 개혁에 글과 강연으로 참여하던 제가 최전선에서 함께 뛸 수 있는 기회였는데 너무도 허무하게 사라진 것에 대해 생각할수록 가슴이 미어집니다.

어쩌다보니 저는 대학교수 생활을 너무 오래 했습니다. 제 동료들은 한 6년 전쯤 다 은퇴했는데 저만 학교에 남았거든요. 아침마다 이화여대 교정으로 들어서면, 어마어마한 현실감에 저 스스로 위축되곤 합니다. '이 교정 전체에서 내가 제일 늙은 사람이구나' '최고령자로구나' 이런 자각을 합니다. 그러면 내가 여기서 왜 이러고 있나 싶은 생각이 들어요. 그런데 드디어 집에 가도 된다는 허락을 받았어요. 2025년 8월 이후, 이 책이 여러분 손에 쥐어질 무렵이면 아마 저는 더이상 대학교수가 아닐 겁니다. 어른이 된 후 제 삶의 거의 모든 시간이 교수의 삶으로 채워져 있었는데, 이제 그 탈을 벗으려니 그야말로 시원섭섭합니다.

이제 대학교수 생활을 접고 뭘 할까요. 저는 본격적인 숙론의 장을 만들어보고 싶습니다. 그래서 우리 사회에 풀기 어려운 수많은 문제를 정치인들에게만 떠맡겨놓지 말고, 우리끼리라도 자꾸 숙론하자고 말씀드리려 합니다. 그러다보면 결국 좋은 아이디어가 나올 겁니다. 그 아이디어들을 우리 사회의 리더들이 훔쳐가도록 해보면 어떨까요. 그것이 잘 이루어진

다면 그때야말로 제가 바라는 사회적 양심이 실현된 대한민국, 비약적으로 발전하는 대한민국의 모습이 보일 것 같습니다.

묻고 답하기

'숙론'이라는 개념에 대해 말씀해주셨는데, 그런 숙론의 장을 실제로 어떻게 만들 수 있을까요? 교수님께서 생각하시는 숙론의 장은 어떤 방식으로 운영되어야 하며, 청년 세대는 앞으로 어떤 방향으로 숙론의 장을 준비해나가야 할지 여쭙고 싶습니다.

아유, 좋은 질문 해주셔서 고맙습니다. 우선 저희 연구실 얘기부터 들려드릴 수 있겠습니다. 저는 과학 연구와 발표를 할 때 영어가 아주 중요하다고 생각해서, 제 연구실은 영어를 공용어로 씁니다. 연구비가 부족하면 제 주머닛돈을 꺼내서라도 항상 영어권 사람을 데려다놓았습니다. 그래서 연구실에서 토론을 하면 서로 you(너)라고 부릅니다. 영어로 하면서 저한테만 "프로페서 최께서는 어떻게 생각하십니까" 이렇게 물을 필요가 없잖아요. 저도 그냥 you예요.

제 연구실에서 석사만 마치고 일본으로 유학을 가서 영장류학 박사를 받은 제자들이 몇있는데요, 잠시 귀국하면 다들 제게 와서는 재미없어서 학교를 못 다니겠다고 토로하는 거예요. 들어보니 토론에 참여했다가 곤욕을 치렀다는 겁니다. 일본 대학에서는 교수만 얘기한다고 합니다. 절대로 학생들은 끼

어들지 못한답니다. 그런 태도로 어떻게 일본의 과학이 저 정도로 발달했나 의심스러울 정도입니다.

사실 조금만 노력하면 숙론의 장은 쉽게 마련할 수 있어요. 숙론 시간에는 교수를 굳이 우대할 필요 없어요. 언어만 영어로 쓰면 연장자도 그냥 '너(you)'라고 부르게 되잖아요. 서로 어려우니까 연령대에 맞춰 따로 대화하는 경우도 있지요? 저는 그런 방식에는 동의하지 못합니다. 진행하는 사람이 어떻게 하느냐에 따라서 충분히 깨버릴 수 있는 관행이라고 생각해요.

그밖에 제가 숙론에서 중요하다고 생각하는 점은, 깊게 생각하며 얘기하기, 충분히 숙성한 생각을 얘기하기, 단숨에 끝내지 말고 대여섯번, 열번도 좋으니 여러번에 걸쳐 이야기하기입니다. 결과를 열어두는 방식이어야만 더 나은 아이디어가 만들어진다고 믿습니다.

예를 들면 이런 겁니다. 윤석열정부가 의료대란을 일으켜 온 나라를 혼란에 빠뜨렸잖아요. 그런데 서울대 의대 교수들이 제가 제안한 용어를 사용했더라고요. 언론 인터뷰에서 "정부와 숙론의 장을 열었다"라는 표현을 쓴 거예요.

어느날 오후였어요. 저한테 서울대 의대 교수님이 전화를 해서 이렇게 물어요. "선생님, 숙론은 어떻게 하는 거예요? 지금 정부는 '의대 증원 인원 2천명'이라는 전제를 그대로 고정하고 대화를 하자는데요, 교수님이 오셔서 중재해주실 수 있을까요?" 그래서 저는 두가지를 말씀드렸어요. 일단 첫째는 정부가 제안한 증원 인원 2천명도 협상 대상에 포함해야 한다는 것이었어요. 그 숫자를 고집하니까 협상이 처음부터 막혔잖아요.

둘째, 선수 기용이 잘못됐다고 지적했어요. 왜 정부랑 의사, 자기들끼리만 얘기해요? 대화에서 환자가 빠졌잖아요. 의료 혜택을 받아야 하는 사람은 환자인데, 환자는 쏙 빼놓고 정부하고 의사들끼리만 얘기하는 건 문제잖아요. 그러니 정부·의사·환자가 함께하는 3자 대담 방식이 필요하다는 제안을 했지요. 그랬다고 해서 특별한 진전은 없었습니다만, 지금도 저는 이 두가지를 고려한 숙론이 필요했다고 생각합니다.

앞으로도 우리가 모여서 이야기를 계속하다보면 해결의 실마리가 생기지 않을까요. 한번에 해치우려고 하면 안 되거든요. 우리 사회의 저출생이나 고령화 문제, 불평등 문제도 마찬가지입니다. 이런 문제들을 함께 여러 차례 얘기해보는 자리가 필요해요. 그런 숙론의 자리를 만드는 것이 저의 바람이기도 합니다.

교수님께서는 리더가 없는 세상을 희망한다고 말씀하셨지만, 현실적으로 인간 사회의 리더는 앞에서 이끌어가는 유형과 뒤에서 받쳐주는 유형, 두가지가 있다고 생각합니다. 여왕개미 같은 리더는 겸손하고 조용한 존재일 텐데, 이런 리더가 어떻게 해야 더 효과적인 역할을 할 수 있을까요? 또한 교수님께서는 한국사회에 어떤 유형의 리더가 더 적합하다고 생각하시는지도 궁금합니다.

참 어려운 질문이네요. 저는 개인적으로 카리스마형 리더를 별로 좋아하지 않아요. 제 인생 경험에 비추어보자면, 그런 분이 조직을 이끌 때보다는 서로 '이렇게 해볼까요?' '저렇게 해볼까요?' 하면서 조곤조곤 얘기를 나누며 살던 때가 훨씬 좋았던 순간들이거든요. 그래서 오히려 저는 카리스마형의 리더보다는 뭔가 여유가 있고 내 의견도 자유롭게 개진할 수 있게 허용해주는 리더를 선호하는 편입니다. 그런데 우리 사회는 여전히 카리스마형 리더를 뽑아놓고 말도 안 되는 바람을 간직하며 살아가는 것 같습니다. 이 리더가 앞에서 이끌어주는 동시에 뒤에서 내 등도 밀어주리라, 이렇게 두가지 역할을 모두 해줄 거라 기대하며 실현 불가능한 꿈을 꾸지요.

예전에 황상민 심리학자가 쓴 『대한민국 사람이 진짜 원하는 대통령』이라는 책을 읽은 적이 있습니다. 널리 알려진 책은 아닌데, 거기에 정말 기가 막힌 판단이 하나 있어요. 대한민국 사람들은 투표장에 들어갈 때 누구나 다 이렇게 확신한답니다. '이 사람이야말로 세종대왕과 이순신과 장보고를 다 합쳐놓은 대통령감이다' 하면서 투표한대요. 그러고는 한달쯤 지나면 '에이, 이순신인 줄 알았는데 아니네'라고 하면서 5년 내내 협조도 안 하고 욕만 하다가 다음 대통령 뽑을 때는 투표장에 들어가서 다시 확신한대요. '이번에야말로 세종대왕 만났다!' 그러면서 다시 찍는다는 겁니다.

하지만 그럴 리는 없죠. 우리가 리더의 상을 더 현실적으로 생각해볼 필요가 있다고 생각합니다. 우리 민주주의의 역사가 너무 짧다보니까 아직 집단적인 경험이 많지 않아요. 짧은 현대사 속에서 여러 대통령을 겪으며 시민들도 성숙해가는 과정에 있는 게 아닐까 싶습니다. 현실적으로 우리가 따를 수 있는 리더상을 찾아가고 있는 과정일 거라고 짐작해봅니다.

앞서 언급하신 생태경영 십계명 중 '실수한 직원을 꾸짖지 않는다'는 원칙에 대해 여쭙고 싶습니다. 실제 현장에서는 실수를 반복하는 사람이 종종 있는데, 처음에는 참아주지만 횟수가 누적되면 결국 한계에 부딪힙니다. 이런 상황에서는 실수를 비난하지 않는다는 원칙을 그대로 적용하기가 쉽지 않을 것 같은데, 어떻게 해야 할까요?

제가 아마 기업에 근무했거나 좀더 경쟁적인 조직 환경에서 살았더라면 그런 계명은 만들지 못했을 수도 있어요. 저는 어디까지나 대학이라는 환경에서 지냈고 제가 생각하는 실수하는 '직원'은 어디까지나 실수하는 '학생'이었으니까요. 저는 그 친구가 실수를 하면서 점점 나은 사람이 될 거라고 철저하게 믿었어요. 그나마 내 품 안에 있을 때 실수를 저질러야 이다음에 홀로서기를 할 때 실수를 덜 할 거라고 생각한 겁니다. 그래서 늘 품어주는 마음이었던 거고요.

그런데 얼마 전에 어느 교수님이 그러시더라고요. 그분이 관찰해보니, 최재천이라는 이는 교수로서 학생을 한명도 쫓아내보지 않은 사람이라는 겁니다. 제 연구실에는 20년이 넘도록 저와 함께해온 대학원생이 있어요. 저도 그 대학원생이 얼른

논문 쓰고 졸업하면 참 좋겠다고 생각합니다. 그런데 그게 마음대로 안 되는 걸 어떡합니까. 저는 대학이라는 환경 속에서 교수라는 리더가 해야 하는 역할은 학생 한 사람 한 사람이 어떻게 성장할 수 있을까 고민하면서 지켜봐주고 도와주는 것이라고 생각합니다. 처음부터 그렇게 하려고 노력했고 그래야 한다고 믿었어요.

저와 함께 연구실을 쓰는 후배 교수님이 계십니다. 그런데 어쩌다보니 그분이 연구실에서 궂은일과 잔소리를 하는 역할을 맡고, 저는 점잖은 역할이 된 거예요. 하루는 그 교수님이 저를 찾아와서 학생들을 조금만 엄하게 대해주시면 우리 연구실의 논문 수가 두배로 늘어날 것 같다고 하더군요. 그런데 제가 이렇게 말했어요. "난 못 합니다. 나는 내 아들도 그렇게 키우지 못했습니다."

예, 저는 꾸짖는 리더보다는 품는 리더가 더 좋다고 생각합니다. 꾸짖는 입장에서는 일을 제대로 하기 위해서, 조급함에 꾸짖는 것이겠지요. 저는 아들 하나 겨우 키웠는데 제 아내한테 평생 야단맞은 게, 아비가 되어서 아들이 엇나가는 것 같으면 따끔하게 한마디 해야지 어떻게 야단을 한번도 안 칠 수 있냐는 거였어요. 그런 얘기를 내내 듣다가, 몇년 전에 제 마음을 아내한테 터놓고 얘기했습니다. 아무리 봐도 내가 어렸을 때에 비하면 내 아들이 모든 면에서 더 나아 보이는데 내가 무슨 얘기를 하겠냐. 난 그냥 그 아이를 믿는다. 실수를 해도 저놈이 실수한 이유가 있을 거라고 믿는다고 말했습니다.

제가 옛날에 아들 공부를 봐줄 때, 어느날은 "아빠, 나 이 숙제 하기 싫은데 안 해도 돼?"라고 묻더라고요. "야, 숙제를 안 한다는 게 말이 되냐." "근데 아빠, 내가 고등학교 2학년인데 생물 선생님이 세포 소기관 색칠해오래. 내가 유치원생도 아닌데 자존심 상해서 못 하겠어." "그러냐, 에이, 그럼 하지 말자." 그래서 안 했다가 아내 앞에서 우리 둘 다 거의 무릎 꿇고 혼난 적이 있어요. 말하자면 그런 것들이에요. 저한테는 아들의 생각이 논리적이고 이유가 있어 보였거든요. 이해가 됐습니다. 저는 이런 방식의 '품는' 리더십도 교육 차원에서 무척 필요한 덕목이 아닐까 생각합니다.

요즘 젊은 세대는 권위적인 리더십을 꺼리는 경향이 있지만 각종 소모임이나 동아리에서 어쩔 수 없이 리더 역할을 맡아야 할 때가 종종 있습니다. 이런 작은 단위의 조직에서 좋은 리더가 되기 위해서는 어떻게 해야 할까요?

무엇보다 공감능력이 필요하다고 생각합니다. 앞서 말씀드렸듯이, 제가 국립생태원 초대 원장을 지내며 얻은 경험을 바탕으로 쓴 책 『최재천의 생태경영』에서 밝힌 '관찰학자 최재천의 경영 십계명' 중 가장 으뜸인 첫 계명이 "군림(君臨)하지 말고 군림(群臨)하라"입니다. 과거의 리더들은 아마 그를 따르는 사람들을 진두지휘해야 하며, 확고한 목표를 정하고 무리를 이끌어야 한다고 생각했을 겁니다. 따르는 사람들도 그 시절에는 그런 카리스마 넘치는 리더를 선호했을 겁니다. 그런데 세상이 변했습니다. 이제는 사람들 대부분이, 특히 이른바 MZ세대는 예전처럼 "나를 따르라"를 외치며 매사를 지시하고 다그치는 리더를 받아들이지 않습니다. 어느덧 현대사회는 지시하고 지적하는 우두머리(boss)가 아니라 함께 부대끼며 울고 웃는 가정교사(tutor)나 코치(coach) 같은 리더를 원합니다.

그런데 공감능력 혹은 공감력을 기를 수 있는지는 의문입니다. 2024년에 너무 일찍 세상을 떠난 영장류학자 프란스 드 발은 『공감의 시대』(*The Age of Empathy*)에서 공감은 어쩌면 포유류 진화의 초기에 나타난 형질일 것 같다고 설명했습니다. 아마 '해파리의 공감력' 혹은 '도마뱀의 공감력' 같은 말은 들어본 적이 없을 겁니다. 그런데 포유류의 공감능력에 대한 실험 결과가 있습니다. 실험실에서 동물실험에 사용하기 위해 기르는 흰쥐 대여섯마리를 통 하나에 넣고 먹이를 주며 길렀대요. 그러다 한 통에 한마리씩 따로 넣은 뒤 그중 한마리에게만 먹이를 주었답니다. 처음엔 그 쥐가 혼자 먹이를 먹었대요. 하지만 옆 통에 있는 동료들이 배가 고파 내는 신음소리를 듣더니 스스로 먹기를 거부했다고 합니다. 우리가 하찮게 생각하기 쉬운 작은 생쥐에게도 공감능력이 발달했다는 뜻이죠.

『공감의 시대』를 번역한 저는 옮긴이 서문의 제목을 '공감은 길러지는 게 아니라 무뎌지는 것이다'라고 붙였습니다. 엄연한 포유동물인 우리 인간은 모두 공감능력을 타고나지만 살아가면서 서서히 그 능력을 잃어가는 것 같습니다. 저는 사라진 공감능력을 인성교육이라는 미명으로 되살리려는 노력을 하기보다는, 처음부터 타고난 공감력이 무뎌지지 않도록 좋은 사회 분위기를 유지하는 게 훨씬 현명한 방법이라고 생각합니다.

때로 리더는 단기간에 즉각적인 성과를 요구 받기도 합니다. 이런 상황을 어떻게 대처해야 할까요? 조직의 장기적인 성장과 단기적인 성과 사이에서 어떻게 균형을 맞춰야 할지도 고민입니다.

저도 이런 경험이 있습니다. 국립생태원 원장이 되어 업무를 시작한 지 얼마 되지 않던 그 무렵에 새로 발족한 국제기구 유엔생물다양성국제기구(IPBES, Intergovernmental Platform on Biodiversity and Ecosystem Services)에서 사무국(TSU, Technical Support Unit) 유치 공모가 떴습니다. '기후변화에 관한 정부 간 협의체(IPCC, Intergovernmental Panel on Climate Change)'를 벤치마킹해서 생물다양성 분야에서도 비슷한 국제기구를 조직한 것이었습니다. 당연히 참여하고 싶었습니다. 신설기관을 안정적으로 운영하는 일에 힘을 모으는 게 급선무일 텐데 왜 이렇게 무리한 도전을 하느냐는 주무기관 환경부의 따가운 시선에도 아랑곳하지 않고 밀어붙였습니다.

문제는 무려 100쪽에 달하는 지원서를 영문으로 작성하는 일이었습니다. 초창기라 아직 직원도 그리 많지 않던 시절이었어요. 그래서 이 업무를 담당할 사람이 마땅하지 않았습니다. 어느날 직원이 쓴 지원서 초안을 받아들었는데, 영어 표현은 물론 문법까지 상태가 심각했습니다. 업무 시간에는 원고를 읽을 여유를 찾지 못해 밤중에 원장실에 홀로 앉아 수정 작업을 진행했습니다. 절반의 절반도 채 못한 상황에서 더이상은 도저히 진행하기 어려워 여기까지 제가 수정한 것들을 참고하여 뒷부분도 다시 작성해오라고 지시했습니다. 얼마 후 제게 다시 돌아온 원고는 제가 고쳐준 부분까지만 수정되어 있을 뿐 뒷부분은 별다른 변화 없이 그대로였습니다. 이런 과정을 두어 번 겪던 중 문득 제가 부질없는 짓을 하고 있다는 사실을 깨달았습니다. 행정 분야는 그렇지 않겠지만 미국에서 15년이나 살다 온 제가 조직 전체에서 가장 탁월한 영어 실력자임은 부인할 수 없을 것 같더군요. 결국 제가 직접 며칠 밤을 꼴딱 새며 지원서 전체를 다시 작업해서 제출했습니다. 그 많은 밤, 국립생태원 30만평 부지에서 늦게까지 불이 켜져 있던 사무실은 달랑 원장실 하나뿐이었을 겁니다.

결과는 놀라웠습니다. 우리가 유치 공모에 선정된 겁니다. 그것도 세개의 업무 부문(task force) 중에서 가장 핵심적인 '지식과 데이터(Knowledge and Data)' 부문의 사무국을 유치한 것입니다. 독일 본에서 열린 첫 회의에서 저는 엄청난 자부심을 느끼면서 매우 난감한 순간도 함께 겪었습니다. 회의 내내 우리 국립생태원이 계속 언급될 때마다 짜릿했거든요. 우리가 지식과 데이터 업무를 관장하는 사무국을 맡은지라 거의 모든 회의자료가 국립생태원의 것이었습니다. 자연히 회의 때마다 "국립생태원(NIE, National Institute of Ecology) 자료에 따르면" 같은 말이 반복적으로 나왔지요.

한편 휴식시간에 다과를 차려놓은 테이블에서 난감한 상황을 맞이했습니다. 다른 회원국 대표들이 제게 다가와 NIE가 얼마나 오래된 기관이냐고 묻는 것입니다. 차마 작년에 설립되었다는 말을 할 수 없어 애써 답변을 피하느라 곤욕을 치렀습니다. 오래됐던 아니건 우리 국립생태원은 생물다양성과 생태계 서비스 분야에서 하루아침에 세계적인 위상을 거머쥔 것입니다. 제 입으로 말하기 민망하지만, 조직의 초창기였고 내실을 기하기에도 버거운 상황에서 큰 꿈을 꾸어 추진한 바를 이뤄냈다는 자부심은 숨길 수 없을 것 같습니다.

돌이켜보면 참 무모한 시도였습니다. 최고경영자로서 업무를 지시하고 점검하기에는 시간이 턱없이 부족했던 게 사실입니다. 제가 직접 나설 수밖에 없었다고 변명을 늘어놓았지만 결코 바람직한 과정은 아니었습니다.

조직을 운영하다보면 이런 상황을 수시로 맞닥뜨리게 됩니다. 그럴 때마다 시간이 없다는 핑계로, 일단 성사시키고 보자는 욕심 때문에 리더가 늘 직접 나서서 일을 다 할 수는 없겠지요. 번번이 이런 식으로 하면 장기적인 관점에서 결코 도움이 되지 않습니다. 조직 전체는 물론, 조직 구성원의 관점에서도 발전을 기대할 수 없는, 전혀 미래지향적이지 못한 방식입니다. 정말 조직의 운명을 가를 절체절명의 상황이 아니라면 설령 작은 실패들을 겪더라도 저는 정상적인 업무 절차를 밟으며 함께 성장해나가는 게 바람직하다고 생각합니다. 우리는 대개 실패를 지나치게 두려워하는 경향이 있는 것 같습니다. 모두들 크고 작은 실패들을 딛고 성장할 텐데 말입니다.

유튜브 채널 '최재천의 아마존'을 함께 운영하는 제작진 '팀 최마존'과의 수평적 리더십은 어떻게 유지하고 계신가요? 회의와 의사결정 과정도 궁금합니다. 좋은 팀을 만들기 위해 참고할 만한 경험이나 에피소드가 있다면 공유 부탁드립니다.

처음 '팀 최마존'을 결성할 때 제법 긴 고민의 시간이 필요했습니다. 켜진 카메라 앞에서는 엄청난 양의 음식을 먹어치우는 '먹방'을 하고 카메라가 꺼지면 먹은 걸 다 토해내며 돈을 버는 유튜버가 있다는 둥, 벌써 강남에 빌딩을 가진 어린 꼬마 유튜버도 있다는 둥, 온갖 소문들을 들으며 과연 이 나이에 굳이 유튜브를 해야 할까 고민이 컸습니다. 하지만 돌이켜보면 저는 우리 사회에서 '과학 대중화'(저는 이를 '대중의 과학화'라고 부릅니다) 전선에 뛰어든 최초의 인물 중 하나입니다. 생각해보니 유튜브는 그저 새로운 매체(medium)일 뿐이더군요. 1990년대 중반 오랜 미국 생활을 청산하고 서울대 교수로 부임한 시절부터 저는 줄기차게 신문에 글을 게재하는 논객의 삶을 살아왔습니다. 그 기간이 무려 25년, 즉 사반세기가 되더군요. 과학을 알리는 대중강연도 많이 했고 때로는 TV 프로그램에

나가 강연을 하기도 했습니다. 유튜브도 신문에 글을 쓰거나 대중강연을 하는 일의 연장선상에 있다는 걸 깨달았습니다. 그래서 시작한 일이 벌써 4년을 넘기며 어느덧 구독자가 76만명을 웃돌고 있습니다. 조만간 총 조회수가 1억회에 다다를 것 같습니다.

4년이 넘도록 350편 가량의 동영상을 만들어냈건만 저는 아직도 이 바닥의 생리를 잘 모릅니다. 제가 지대한 관심을 갖고 약간 흥분한 상태로 찍은 동영상은 그리 큰 주목을 받지 못하는데, 왜 "한국에서 애 낳으면 바보!"라고 입을 열며 악담을 퍼부은 동영상은 조회수가 400만회를 바라보는지 이해하지 못합니다. 저는 제법 잘나가는 유튜버일 뿐 유튜브 전문가는 아닙니다. 그러니 저는 당연히 '팀 최마존' 팀원들의 전문성을 존중합니다. 그들의 판단을 절대적으로 신뢰하고 그들의 지시를 따릅니다.

우선 주제 선정은 거의 전적으로 팀원들 몫입니다. 제가 제안한 주제는 정말 몇 안됩니다. 팀원들이 회의를 거쳐 몇가지 주제를 제안하면 제가 검토해보고 할 수 있을지 여부를 알려줍니다. 대부분은 받아들이는 편이지만 가끔 "이 주제에 관해서는 제가 할 말이 별로 없을 것 같은데요"라며 탈락시키기도 합니다. 저는 정해진 주제에 관해 카메라를 바라보며 주저리주저리 떠들 뿐, 다른 모든 면에 관해서는 전적으로 팀원들의 전문성을 존중하고 따릅니다. 아무리 탐나는 주제라도 제가 어려움을 호소하면 팀원들이 기꺼이 제외해주기도 합니다. 이런 걸 보면 '팀 최마존'의 관계는 상당히 수평적인 것 같습니다.

앞으로는 더욱 많은 업무가 AI에 의해 자동화될 것이고 인간은 창의적인 발상이 필요한 업무에 주력해야 한다는 전망이 많은데요, 미래의 리더는 어떤 역량을 갖춰야 한다고 보시는지요?

전대미문의 코로나19 팬데믹을 겪으며 조직사회는 근본적인 구조 변화를 경험했습니다. 매일 회사로 출근해서 일하던 시절에는 작업 결과를 상부자에게 보고했고, 그는 하부자들의 보고를 정리하여 그의 또다른 상부자에게 보고하는 방식으로 일했습니다. 그런데 전염병으로 인해 재택근무를 하게 되자 굳이 중간관리자를 거치지 않고 온라인상에서 곧바로 최고 경영진에게 보고하게 되었습니다. 중간관리자의 존재감이 흔들리기 시작한 것이지요. 그리고 아무리 지위가 낮은 사람이라도 좋은 아이디어를 내기만 하면 단숨에 주목을 끌 수 있는, 누적된 경력이 아니라 실력이 중요한 체제로 변하기 시작했습니다.

코로나19 팬데믹이 끝나갈 무렵 절묘하게도 AI시대가 본격적으로 도래하기 시작했습니다. 예전의 계층적 조직은 서서히 용도 폐기되기 시작했고 일(task)을 중심으로 함께하는 사람들이 네트워크(network)를 형성하기 시작했습니다. 상명하달식 경영이 아니라 수평적인 협업이 자리 잡기 시작했습니다. 그래서 등장한 개념이 '에이전트 리더십(agent leadership)'입니다. 'agent'는 흔히 '대리인' 또는 '중개상' 등을 의미하는 단어였지만, AI시대에는 '주선인'으로 이해하면 훨씬 적절할 것 같습니다. 일이 잘되도록 여러모로 애쓰는 사람을 의미하지요. 여러 사람을 한데 모아 새로운 일을 도모하는 사람(organizer)이나 분란을 해소하며 교섭을 통해 협업을 증진하는 사람(arranger)을 일컫습니다. 그동안 우리가 알고 있던 '팀장' 또는 '허브(hub)'의 역할과 크게 다르지 않을 것 같습니다.

    AI시대를 준비한답시고 모두 코딩 학원으로 달려간 시절이 있었습니다. 그들 중 탁월한 기량을 갖춘 사람들은 한때 엄청난 연봉을 받고 애플이나 구글 같은 첨단 빅테크 기업에 불려갔습니다. 그런데 최근 미국에서 가장 많이 해고당하는 직종이 바로 AI기술 개발자들입니다. 우리나라에서도 IT기업들이 대규모 구조조정을 감행하는 와중에 비슷한 일이 벌어지고 있다고 합니다. 참으로 역설적이게도 개발자들이 다루는 기술인 AI가 그들을 대체하고 있는 겁니다. AI시대가 자리를 잡아가며 AI기술만 배운 인재들의 쓸모가 줄어들고 있습니다. 그 기술들을 어떻게 우리 삶에 활용할 것인가, 그리고 기술을 통해 어떻게 우리 삶을 보다 풍요롭고 의미있게 만들어줄 것인가를 고민하는 인재들이 더 많이 필요할 겁니다. 어차피 문과와 이과를 구분하는 장벽도 허물어진 시대에 적절한 수준의 AI기술을 기본적으로 장착하고, 거기에 인문학적 소양을 함께 갖춘 인재가 살아남는 세상이 도래한 것입니다. AI시대에는 곧바로 해답을 찾는 사람보다 끊임없이 좋은 질문을 던지는 사람들이 필요합니다. 그러자면 과학 못지않게 중요한 학문이 바로 인문학입니다. 저는 AI시대를 맞으며 역설적으로 제대로 된 인문학의 시대가 자리 잡을 것이라고 예측합니다.

리더가 아닌 좋은 팔로워(follower)로서 살아가고자 하는 많은 사람들을 위해서는 어떤 조언을 해주고 싶으세요? 리더의 자리를 언제까지나 피하고 싶다고만 생각하는 사람들에게는 어떤 말씀을 들려주실 수 있을까요?

리더가 없는 사회를 꿈꾼다고 했으면서도 리더십에 관한 강의는 일찌감치 했습니다. 서두에도 잠깐 말씀드렸지만 1999년 김광웅 교수님의 권유로 열게 된 강의에서 저는 여왕개미의 나서지 않는 리더십에 대해 얘기한 다음, 그래도 굳이 리더를 세워야 한다면 모름지기 리더는 이런 덕목을 갖춰야 할 게 아니냐며 바람직한 리더의 모습 세가지를 이야기했습니다.

첫번째, 저는 다짜고짜 리더가 좀 똑똑했으면 좋겠다고 얘기했습니다. 내가 따르는 리더가 나보다 똑똑해야 따를 맛이 난다고 퍽 원색적인 발언도 서슴지 않았습니다. 리더가 똑똑하려면 어떻게 해야 할까요? 적어도 독서를 즐기는 분이어야 하지 않겠습니까? 윤석열정부의 대통령실이 예산을 집행하는 과정에서 일년 내내 책을 한권도 구입하지 않았다는 뉴스는 충격이었습니다. 저는 리더라면 적어도 늘 책을 손에서 내려놓지 않는 분이면 좋겠습니다. 그래서 저는 리더(leader)는 리더(reader)여야 한다고 생각합니다.

둘째, 리더가 경거망동하면 따르는 사람들이 당황하게 되고 그런 조직은 와해될 수밖에 없다고 생각합니다. 가끔 리더십에 관해 얘기하는 전문가들 중에서 리더의 유형을 사색형 리더인 '햄릿형'과 행동형 리더인 '돈키호테형'으로 나누는 분들이 있는데, 저는 그 구분 자체가 틀렸다고 생각합니다. 리더의 덕목 중에서 매우 중요한 것이 신속한 결정 능력이긴 합니다. 하지만 좌고우면 않고 결정해버리는 돈키호테는 리더가 되면 안 됩니다. 햄릿처럼 우유부단한 성격 때문에 온갖 보고를 다 받고도 결정을 내리지 않아 업무 마비를 초래하는 것도 리더로서 절대로 해선 안 되는 행동이죠. 하지만 깊이 생각하는 것 자체가 잘못된 것은 아닙니다. 결정은 신중하게 내려야 합니다. 『최재천의 생태경영』에서 소개한 관찰학자 최재천의 경영 십계명 중 여섯번째가 바로 "결정은 신중하게, 행동은 신속하게"입니다. 모름지기 리더는 '생각하는 사람(thinker)'이어야 합니다. 다만 지나친 사색에 빠진 햄릿이 아니라 적절한 결정을 할 수 있는 햄릿이 되어야 하지요.

마지막으로 저는 리더가 모든 일에 죄다 나서서 감 놓아라 배 놓아라 하는 것은 결코 효율적이지 않다고 생각합니다. 최재천의 경영 십계명 중 두번째, "가치와 목표는 철저히 공유하되 게임은 자유롭게" 하자는 것이 바로 여왕개미의 리더십을 한마디로 정리한 말입니다. 방향과 목표는 확실하게 제시하되 일은 철저하게 담당자들에게 맡겨야 그나마 집단지성의 효과를 볼 수 있습니다. 이런 가능성을 열어두는 전략입니다. 리더가 매사를 진두지휘하면 일하는 사람이 아무리 많아도 결국 리더의 지혜 하나로 모든 일을 처리하는 우를 범하게 됩니다. 리더는 '길을 찾는 사람(pathfinder)'이어야 합니다.

그런데 국립생태원장으로 일하며 저는 리더의 또다른 덕목을 발견했습니다. 리더는 무엇보다 '섬기는 사람(server)'이어야 한다는 겁니다. 제가 초등학교 4학년 때 케네디(John F. Kennedy) 대통령이 암살당했습니다. 그때 집으로 배달된 호외를 받아들고 대성통곡했던 기억이 새롭습니다. 남의 나라 대통령이 죽었는데 네가 왜 우느냐는 아버지의 질책에도 아랑곳하지 않고 울음을 멈추지 못했습니다. 어린 나이에도 제게 케네디 대통령은 참 멋진 남자였나 봅니다. 케네디 형제 중에서 가장 명석하다고 인정받던 로버트 케네디(Robert F. Kennedy)도

선거운동 중에 저격당하고, 그 사형제 중 막내인 테드 케네디(Ted Kennedy)만 남았습니다. 그런데 언론에 비친 테드 케네디는 이런저런 일들로 국민에게 실망만 안겨주었습니다. 결국 테드 케네디는 대통령이 되지 못한 채 2009년 77세의 나이로 세상을 떠났습니다. 그 무렵 저는 대수롭지 않게 접한 그에 대한 추도문(orbituary)에 꽂혀 수십편을 찾아 읽었습니다. 그는 비록 대통령은 못 됐지만 1962년 서른살 청년으로 상원에 입성하여 무려 47년 동안 미국 의회에서 봉사했습니다. 이는 미국 역사상 다섯번째로 한 개인이 상원의원으로서 오래 재직한 기록입니다. 추모의 글들을 읽다보니 그는 미국 의회 역사에서 사회적 약자들을 위한 법안을 압도적으로 많이 입안하고 통과시킨 의원이었음을 알게 되었습니다. 우리나라 정당들이 대부분의 의제에 대해 당론을 결정하고 그 당에 속한 모든 의원들이 아무런 거리낌 없이 몰표를 던지는 행태와 달리, 미국 의원들은 자신의 신념과 지역구 유권자들의 뜻에 따라 소신 투표를 합니다. 케네디 의원도 그런 사람 중 한명이었고, 의원실로 찾아가도 그를 만나기가 어려웠답니다. 소수자들을 위한 법안을 상정하고 그걸 통과시키기 위해 신참 의원실을 찾아다니며 그야말로 표를 구걸하느라 여념이 없었답니다. 세상을 떠나기 직

전까지 미국 국민들의 의료보험 접근성을 높이기 위한 '오바마케어(PPACA, Patient Protection and Affordable Care Act)' 법률 통과를 위해 동료 위원들에게 전화를 돌렸답니다. 저는 어느 언론인의 추도문에서 맨 마지막 문장을 읽고 가슴이 먹먹해졌습니다. "Who the hell else is out there?" 이 문장은 구어체로는 자연스럽지만, 일반적인 글에서는 'hell'이라는 거친 표현을 잘 사용하지 않습니다. 그러나 이 문장을 쓴 추모의 글 저자는 이렇게 부르짖은 겁니다. "미국 역사에서 테드 케네디보다 사회적 약자를 위해 더 많은 일을 한 놈 있으면 한번 나와봐!" 저는 뒤늦은 감이 있지만 그때부터 케네디 형제 중 테드 케네디를 가장 존경하기로 마음먹었습니다. 리더는 자신이 빛나는 게 중요한 게 아니라 얼마나 남에게 도움을 주었느냐로 평가받아야 합니다. 섬기는 일은 꼭 리더가 되어야 할 수 있는 게 아닙니다. 팔로워도 충분히 할 수 있는 일입니다. 사회를 구성하고 사는 우리 모두 할 수 있는 일입니다. 그러다 우리들 중 누군가는 어쩌다 리더가 되어 책임을 짊어져야 할 뿐입니다. 결국 리더십에 관한 제 모든 논리는 최재천의 경영 십계명 중 제1계명인 "군림(君臨)하지 말고 군림(群臨)하라"로 돌아옵니다.

기억하고 싶은 문장

여왕개미의 리더십이란, 가치나 목표는 철저하게 붙들되 실제 일의 진행은 전문가에게 맡기는 것입니다

개미 사회에서 일 전문가는 일개미들이기 때문입니다. 그래서 여왕개미는 독단적으로 처리하지 않고, 신뢰하고 위임할 줄 압니다. 한발짝 뒤로 물러나서 지원을 해주면 책임을 맡은 여러 사람들이 자발적으로 활동하면서 이른바 집단지성을 이뤄내는 데 훨씬 더 도움이 될 겁니다. 모든 걸 다 독단적으로 마구 해치우지 않기. 이것이 바로 우리가 자연에서 배워야 할 탁월한 리더십의 한가지 면모라고 저는 생각합니다.

여왕개미의 리더십이란, 가치나 목표는 철저하게 붙들되
실제 일의 진행은 전문가에게 맡기는 것입니다

이를 악물고 들으셔야 합니다

　우리나라의 대통령들 중에는 듣지 않고 자기 말만 하는 사람이 많았습니다. '내가 해봐서 아는데' 하면서 발언을 독식하는 분도 있고, 한시간 회의 중에 혼자서 59분을 얘기한다는 분도 있었습니다. 리더 입장에선 억울할 수도 있겠죠. 내가 최고지도자이자 책임자고 지시도 해야 되는데, 내가 말을 많이 한 게 뭐가 잘못이냐는 거겠지요. 그런데 문제는요, 윗사람이 입을 여는 순간 아랫사람들은 입을 다문다는 점입니다. 그렇게 해서는 절대로 집단지성을 이뤄내지 못합니다.

이를 악물고 들으셔야 합니다

리더(leader)는 리더(reader)여야 합니다

저는 다짜고짜 리더가 좀 똑똑했으면 좋겠습니다. 내가 따르는 리더가 나보다 똑똑해야 따를 맛이 나거든요. 리더가 똑똑하려면 어떻게 해야 할까요? 적어도 독서를 즐기는 분이어야 하지 않겠습니까? 윤석열정부의 대통령실이 예산을 집행하는 과정에서 일년 내내 책을 한권도 구입하지 않았다는 뉴스는 충격이었습니다. 저는 리더라면 적어도 늘 책을 손에서 내려놓지 않는 분이면 좋겠습니다.

리더(leader)는 리더(reader)여야 합니다

우리 모두가 '숙론'을 하면 좋겠습니다

서양 사람들은 통섭을 'jumping together' 즉 '함께 넘나듦'이라고 표현합니다. 온갖 분야에 박식한 천재가 아닐 바에야 우리는 통섭을 절대로 혼자 이룰 수 없습니다. 그러나 서로 다른 지식을 가지고, 서로 다른 경험을 해본 사람들, 서로 다른 공부를 한 사람들이 함께 모여서 함께 솟구치면 되는 겁니다. 서로의 울타리를 넘어서 함께 통섭으로 승화하면 되는 것이지요. 그걸 해내는 방법은 무엇일까요? 가장 먼저 해야 할 일은 함께 이야기를 나누는 것입니다.

우리 모두가 '숙론'을 하면 좋겠습니다

군림(君臨)하지 말고 군림(群臨)하라

섬기는 일은 꼭 리더가 되어야 할 수 있는 게 아닙니다. 팔로워(follower)도 충분히 할 수 있는 일입니다. 사회를 구성하고 사는 우리 모두 할 수 있는 일입니다. 그러다 우리들 중 누군가는 어쩌다 리더가 되어 책임을 짊어져야 할 뿐입니다. 훌륭한 리더는 자신이 빛나는 게 중요한 게 아니라 얼마나 남에게 도움을 주었느냐로 평가받아야 합니다.

군림(君臨)하지 말고 군림(群臨)하라

교양100그램 9
어쩌다 리더가 된 당신에게

초판 1쇄 발행 / 2025년 8월 22일
초판 3쇄 발행 / 2025년 12월 30일

지은이 / 최재천
펴낸이 / 염종선
책임편집 / 김새롬 정소영
조판 / 신혜원
펴낸곳 / (주)창비
등록 / 1986년 8월 5일 제85호
주소 / 10881 경기도 파주시 회동길 184
전화 / 031-955-3333
팩시밀리 / 영업 031-955-3399 편집 031-955-3400
홈페이지 / www.changbi.com
전자우편 / human@changbi.com

ⓒ 최재천 2025
ISBN 978-89-364-8092-9 03320

* 이 책 내용의 전부 또는 일부를 재사용하려면
  반드시 저작권자와 창비 양측의 동의를 받아야 합니다.
* 책값은 뒤표지에 표시되어 있습니다.